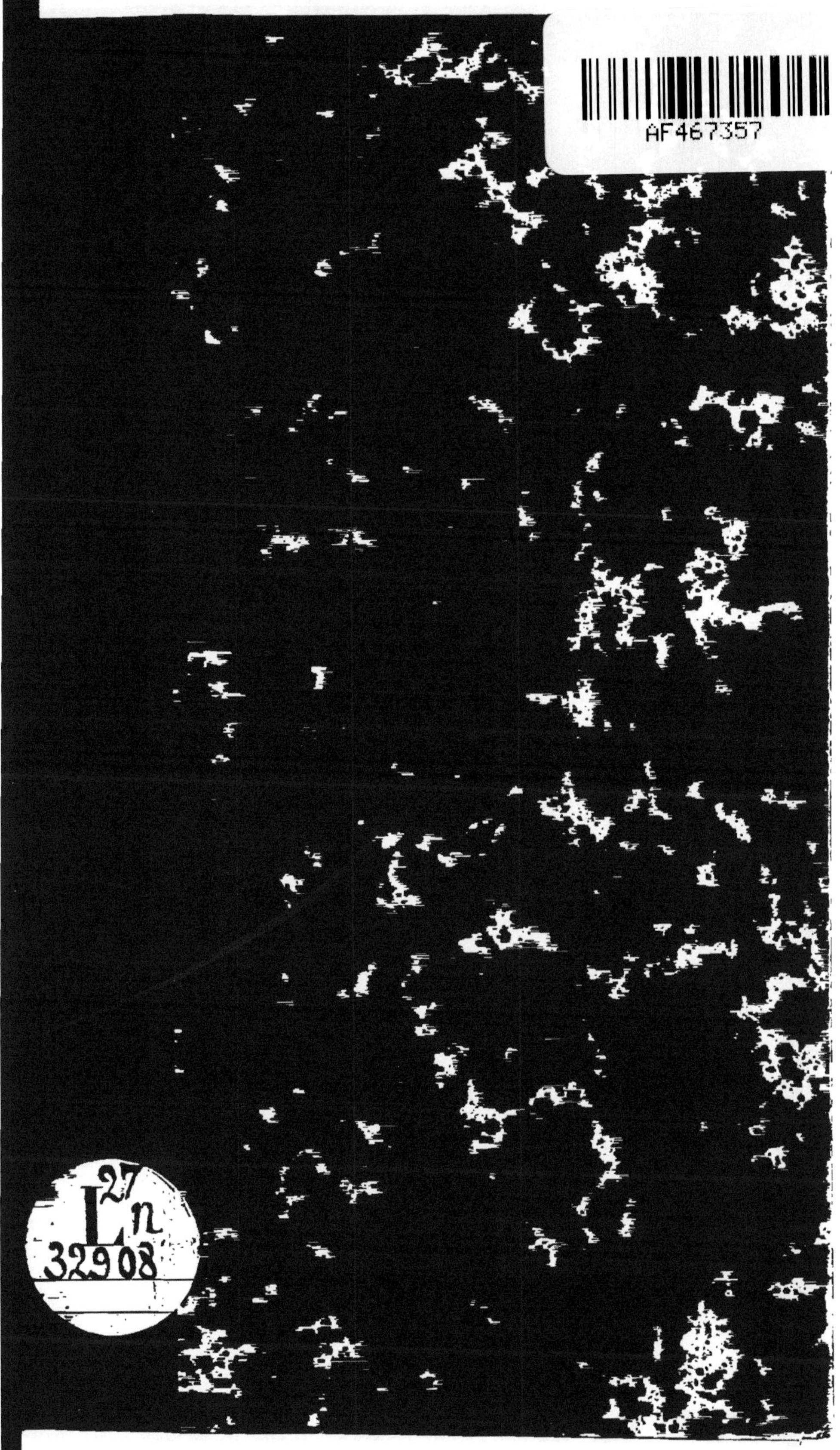

ÉLOGE DE M. LE PRÉSIDENT BOUHIER.

Prononcé le douze Novembre 1772.

AVOCATS,

TOUTES les fois qu'un intérêt pressant a créé des Orateurs pour exciter leurs concitoyens à la vertu, on les a vu s'attacher plutôt à leur proposer de grands exemples que de grandes leçons. Ce que l'occasion leur suggéra, a servi à former l'art de connoître les hommes & de manier leurs passions. Leur offre-t-on la vérité en maximes ? ils n'apportent qu'une oreille curieuse de juger celui qui s'en rend l'organe, de mesurer jusqu'où il pourra les atteindre, ſans les bleſſer ; ils conſentent de badiner avec elle, lorſqu'elle ſe couvre du voile de la fiction ; mais rarement ils ont le courage de le ſoulever ; ils fuyent indignés, dès qu'elle l'abandonne ; elle ne plaît à tous, que quand elle prend le ton de l'éloge. Il ſemble que perſonne n'ait le droit de nous parler de nos devoirs. Malheur à celui qui l'oſe ! l'amour-propre révolté, calcule ſes titres, examine ſes motifs, épie ſes mœurs ; eût-il Caton même pour accuſateur, il échapperoit encore en récriminant ; au lieu qu'il entend volontiers répéter les louanges de ceux qui ne ſont plus. L'envie qui les pourſuivoit eſt enfermée dans leurs tombeaux ; s'ils furent nos compatriotes, nous leur prodiguons avec complaiſance une admiration qui ajoute un luſtre à notre Patrie ; les fruits de leurs travaux ſe comptent alors comme des bienfaits qui n'imposent plus à la reconnoissance un sentiment pénible. On se plaît à suivre la marche de ceux qui ont tenu les mêmes sentiers que nous devons parcourir. On aime à voir comment ils se sont élevés au-dessus des préjugés qui nous enchaînent, comment ils ont vaincu les obstacles qui nous arrêtent, surmonté les dégoûts qui nous attiédissent; on oublie bientôt celui qui raconte, pour ne s'occuper que de celui qu'on admire : l'estime publique & la vraie gloire se montrent par-tout à côté des travaux utiles, & il faut cesser de s'estimer soi-même, ou prétendre enfin à les imiter. Essayons donc d'animer par les traits d'un modele qui vous fut cher, le tableau des qualités qui distingueront toujours le grand Avocat & le grand Magistrat; faisons parler à notre place les actions & les veilles laborieuses du plus illustre de nos Jurisconsultes, pour ſoutenir votre courage & redoubler votre application dans l'étude approfondie de la Juriſprudence; pour vous montrer les rapports inſéparables, les avantages, la néceſſité même de la culture des Lettres. Nous ne pouvons mieux remplir la tâche que notre miniſtere nous impoſe aujourd'hui.

PREMIERE PARTIE.

JEAN BOUHIER naquit à Dijon, vers le milieu de ce ſiecle glorieux, où le génie de *Louis le Grand* agitoit toute l'Europe par ſes armes & ſes négociations, forçoit les anciens ennemis du nom François à ſeconder ſes conquêtes, & créoit à la fois tous les arts, pour lui ériger des trophées. Si la vieilleſſe de l'homme qui ſe dévoue au travail, pouvoit aller au terme que le deſir, bien plus que l'eſpérance a marqué à la durée de la vie humaine, il ſe préſenteroit encore à nos yeux attendris, comme un chêne ſuperbe qui vient de donner ſes dernieres feuilles ; mais il aima mieux mériter que jouir, & préféra un grand nom à une exiſtence longue, obſcure & inutile (1).

---

(1) JEAN BOUHIER nâquit à Dijon, le 17 Mars 1673, de M. BÉNIGNE BOUHIER, Préſident au Parlement de Bourgogne, & de Dame Claire de la Toiſon. Cette famille fort ancienne avoit donné ſans interruption des Magiſtrats à cette Province, depuis le commencement du ſeizieme ſiecle. M. BOUHIER pouvoit compter dans ſa ſeule ligne aſcendante directe, JEAN BOUHIER, Seigneur de Pouilly-les-Dijon & de Marcilly, pourvu le 14 Août 1512 de l'un des douze Officiers de Conſeillers qui compoſoient le Parlement de Dijon, ſous le regne de LOUIS XII ; BÉNIGNE BOUHIER reçu en 1553 ; JEAN BOUHIER, en 1575 ; ETIENNE BOUHIER, en 1607 ; JEAN BOUHIER, en 1630 ; enfin BÉNIGNE

La nobleſſe de ſes Ancêtres, leurs titres, leurs dignités, tout ce qui fait enfin une origine illuſtre, fut le moindre avantage qu'il apporta en naiſſant : la nature lui avoit fait des dons plus précieux, & les ſeuls par leſquels elle diſtingue un homme d'un autre homme, je veux dire des organes ſuſceptibles d'application, un génie capable de s'elever & de s'étendre ; car je n'ai garde de penſer que les hommes naiſſent tels que nous les voyons : loin de nous ce ſyſtême deſtructeur de tout mérite, fauteur de toute impunité, corrupteur de toute éducation, qui ne fut imaginé ſans doute, que pour orner un menſonge poétique, en remplaçant une vérité par un ſentiment, qui de-là a paſſé dans nos préjugés,

---

BOUHIER ſon pere, reçu Conſeiller en 1655, & Préſident en 1665. *Voyez Palliot, Parlement de Bourgogne.*

pour adoucir les remords des peres négligens, & qui dégénere en un fatalisme pernicieux chez les foibles & les ignorans. Les parens du jeune BOUHIER savoient qu'ils étoient les maîtres de former son cœur & de régler ses penchans, & qu'après lui avoir donné des vertus, il suffisoit de le mettre dans la route des talens, pour qu'affranchi des passions qui enchaînent l'activité, qui énervent le courage, qui corrompent le goût, il prît son vol jusqu'à la hauteur que lui marquoit la mesure de son esprit : c'est ainsi que la main bienfaisante d'un Artiste qui ne peut changer la portée de l'œil, arrache le bandeau qui le couvre, & fait jouir d'une faculté inconnue celui qui accusoit la nature de la lui avoir refusée ; triste similitude qui me force de dire : combien d'hommes que nous ne croyons nés stupides ou bornés, que parce qu'un coupable inſtituteur a mis ou laiſſé croître juſqu'à l'endurciſſement une cataracte épaiſſe ſur l'œil de leur intelligence !

JEAN BOUHIER paſſa le premier âge de ſa vie ſous les yeux d'un pere qui pénétré de ces vérités importantes, quoique dévoué aux fonctions aſſidues que lui impoſoit une des premieres dignités du Sénat, ne penſa pas qu'il lui fût permis de ſe décharger de toute vigilance, en l'envoyant chercher au loin une inſtruction plus étendue, au péril de ſes mœurs : admis aux Ecoles publiques, il ſe trouva le plus jeune, & ſe montra toujours le plus avancé de ſes condiſciples ; il ſembloit arrêté dans cet eſpace tracé pour la capacité du plus grand nombre, & lorſqu'il en eut achevé le cours, chargé de toutes les couronnes que l'on peut y recueillir, il eut à ſe plaindre encore que les Loix n'euſſent pas prévu une marche aussi rapide, elles lui fermerent deux ans entiers les Ecoles de Jurisprudence (1).

Quelle époque dans l'éducation, que celle où la plupart des peres la croient finie, que ces instans où un jeune homme affranchi des habitudes de l'enfance, de l'assujettissement classique, & de toutes les lisieres qui le faisoient dépendre d'une raison étrangere, éprouve le premier sentiment de ses forces physiques, la premiere jouissance de son temps, les premiets mouvemens

(1) On n'est admis aux Ecoles de Droit, qu'à l'âge de seize ans : M. BOUHIER n'avoit pas quinze ans accomplis, lorsqu'il eut achevé sa Physique ; & le P. Oudin nous apprend qu'il entretenoit déja pendant les vacances un commerce épistolaire avec le P. Bordeux Jésuite, sur quelques passages des anciens Auteurs, dont les difficultés intéressoient son émulation. *Commentarius de vitâ & scriptis* JOANNIS BUHERII, *&c. Scribente Francisco Odino, Dijon 1746.*

de ſa volonté ! Que de précipices l'environnent en ce moment, & qu'il eſt difficile de l'en défendre ! ſi la main qui l'a conduit lui appéſantit le frein, il s'irrite, il le briſe, & l'effort qu'il fait pour s'échapper, l'emporte juſqu'au fond de l'abyme dont il fouloit les bords ; ſi elle l'abandonne entierement, vous le voyez tout occupé d'aggrandir ſon être, chercher à ſuppléer l'âge par la malice, s'emparer des vices de la ſociété, pour s'y faire des titres, & aller juſqu'à la licence, pour eſſayer plus ſûrement ſa liberté : redemander à la confiance l'empire que n'a plus la contrainte, préparer les paſſions par les objets, inſpirer les goûts, ſans les commander ; tel eſt l'art pénible, mais ſublime, qui décide alors les hommes pour toute leur vie ; & j'ajoute (afin que l'on ne ſoit pas tenté de traveſtir ma penſée pour affoiblir une vérité qui devroit nous être rappellée ſans ceſſe dans nos Temples, dans nos Lycées, & juſque dans nos Jeux) ſi cet art eſt impuiſſant pour former toujours de grands hommes, il ne l'eſt jamais pour former de vertueux citoyens : ainſi lorſque ſur un ſol aride je vois quelques épis maigres & iſolés, je dis : la main laborieuſe qui les ſema, méritoit de trouver une terre plus fertile ; mais quand les ronces dont il eſt hériſſé me défendent d'en approcher, je m'en prends, au cultivateur.

Ne craignons donc pas de prolonger le ſpectacle intéreſſant de l'éducation d'un ſage, ni de mêler l'éloge de BENIGNE BOUHIER à celui de ſon illuſtre fils : c'eſt peu pour lui de mettre dans ſes mains les élémens du droit, d'appeller à ſon ſecours les conſeils d'un Juriſconſulte conſommé dans le langage des Loix, de le préparer ainſi aux études d'épreuves avec plus d'application que l'on ne se prépare communément aux épreuves mêmes ; il est trop éclairé pour penser que ce soit là toute la tâche de son âge, trop prudent pour s'endormir dans l'incertitude honteuse de l'emploi du temps qui lui reste ; il le conduit dans cette bibliothéque déjà considérable, qu'il devoit rendre si célébre dans toute l'Europe savante ; & tandis que d'un œil étonné il mesure cette vaste collection, tandis qu'il compare avec inquiétude les fruits de la science & les travaux qu'elle exige, il lui adresse ces paroles :

« Vous voyez, mon fils, une » partie précieuse de l'héritage de » mes peres, que leur affection vous » a destinée : il n'est aucun de vos » ancêtres, depuis deux siecles, qui » n'ait aimé les Livres : vous trou» verez ici le catalogue de ceux que » posséda votre sixieme Aïeul, ho-

» noré par Louis XII de l'un des
» quatorze Offices qui composoient
» le Parlement ; nombre de volumes
» vous offriront des remarques sa-
» vantes de la main de son fils,
» héritier de sa dignité & de ses
» vertus, digne ami du docte Cu-
» jas ; elles vous apprendront qu'il
» est une maniere de lire qui dis-
» tingue celui qui veut se rendre
» utile de celui qui s'en fait un vain
» & stérile amusement : *Etienne*
» *Bouhier*, dont la mémoire sera
» toujours chere à cette ville, parce
» que seul entre les Sénateurs, il
» s'exposa pour elle au péril de la
» contagion qui la dépeuploit,
» ambitieux d'ajouter les richesses
» étrangeres aux richesses natio-
» nales, alla chercher en Italie le
» goût des Arts, & recueillir tout
» ce que la renaissance des Lettres
» y avoit découvert ou enfanté de
» plus excellent ; *votre Aïeul* enfin

» qui par l'étendue de ſes connoiſ-
» ſances, l'activité de ſes recherches,
» & ſon zèle à ſeconder les travaux
» de tous les Littérateurs, a mérité
» d'être comparé à Péireſc, c'eſt-à-
» dire au plus ſavant protecteur des
» Lettres : votre Aïeul après avoir
» vu diviſer avec peine ce qui avoit
» été raſſemblé avec tant de ſoins,
» ne s'occupa qu'avec plus d'ardeur
» à remplacer ce que les droits de
» ſes freres en avoient ſéparé (1);

(1) La Bibliothéque d'ETIENNE BOUHIER fut partagée à ſa mort entre ſes enfans : c'eſt donc JEAN BOUHIER ſon fils aîné qu'il faut regarder comme le premier Poſſeſſeur de cette collection, que le P. Jacob, les ſavans Bollandiſtes, Mabillon, Martenne, & Baudelot de Dairval, ont miſe au rang des meilleures Bibliothéques de France; on voit en effet dans un Mémoire que M. le Préſident BOUHIER a laiſſé à ce ſujet, qui a été tiré de la Préface du Catalogue de ſa Bibliothéque, & imprimé par les ſoins du P. Oudin, que ce

» il y réunit en une ſeule fois les » cabinets des deux ſavans de » Thyard : c'eſt lui qui y a placé » tous ces manuſcrits rares dont » pluſieurs vous atteſtent leur va» leur par le travail qu'il a entrepris » pour ſe les approprier ; tous ces » monumens de l'antiquité dont le

---

JEAN BOUHIER commença par acheter, en 1642, ce qui reſtoit de la Bibliothéque du ſavant Pontus de Thyard, & de Cyrus ſon neveu, tous deux ſucceſſivement Evêques de Châlon ; qu'il rechercha par-tout les plus excellens Manuſcrits, les fit copier à grands frais, & en tranſcrivit lui-même, de ſa main, plus de cinquante gros volumes ; qu'il entreprit auſſi d'amaſſer des ſuites complettes d'antiquités de toute eſpece, & qu'il remplit ſon cabinet d'une infinité de raretés, ſoit des Indes, ſoit des autres Pays. Coſtar rapporte dans ſon *Mémoire des Gens de Lettres célébres de France*, qu'on le comparoit à M. de Peireſc. *Voyez ſon article dans la Bibliothéque des Auteurs de Bourgogne de Papillon.*

» témoignage muet pourra vous » avertir de l'infidélité des Hiſto- » riens, éclaircir leurs difficultés, » ſuppléer à leur ſilence ; toutes ces » merveilles de la nature qui vous » feront jouir du magnifique ſpec- » tacle de ſa fécondité : voilà le » tréſor qu'il m'a chargé de vous » rendre (1), je vous en mets dès » ce jour en poſſeſſion, pour que » vous appreniez à en connoître le » prix ».

C'en eſt fait, le penchant du jeune Bouhier eſt décidé, il ne reſpire plus que pour ſuivre la carriere que lui ont tracée ces hommes eſtimables, il brûle de s'approcher, pour ainſi dire, de leur eſprit, en ſe familia-

(1) Jean Bouhier craignant ſans doute qu'une collection qui lui avoit coûté tant de ſoins, n'eût le même ſort que celle d'Etienne Bouhier ſon pere, l'avoit ſubſti- tuée par ſon teſtament : ſes vœux ont été parfaitement remplis.

risant avec les caracteres que leurs mains ont tracés, en redemandant aux mêmes écrits les mêmes pensées qu'ils leur ont inspirées; il a pris la résolution de les atteindre, & sa modestie éloignant insensiblement le but, ne lui permettra le repos que quand il aura acquis la gloire de les avoir surpassés; ces jours dont la lenteur fatigue bien souvent une jeunesse frivole, impatiente de plaisirs nouveaux, ne sont pour lui que des éclairs dont la vîtesse tourmente sa curiosité (1).

---

(1) « A peine eus-je atteint l'âge de » quinze ans, que, charmé d'entrevoir en » moi quelque inclination pour les Livres, » il tâcha de l'augmenter en me donnant » le soin d'une Bibliothéque qui devoit un » jour me revenir........ bientôt il y » eut peu de Livres, dans son cabinet, » qui ne me passassent par les mains, & » peu d'Auteurs que je ne connusse ». *Mém. de M. Bouhier sur sa Bibliothéque.*

C'eſt ainſi que l'orgueil de la naiſſance, ce ſentiment qui verſe les poiſons funeſtes du dégoût, toujours inſéparable du dédain, ſur l'ame du malheureux qu'il éleve au-deſſus des plus douces jouiſſances, qui perſuade follement à quelques-uns qu'ils honorent leurs dignités mêmes, & que leur nom ſuffit à leurs devoirs, qui retient ceux-là dans une inaction inſolente, qui entraîne ceux-ci dans des excès déplorables, qui n'eſt enfin pour la plupart qu'une ivreſſe ſtupide ou une erreur criminelle, devient un reſſort puiſſant dans les mains d'un pere ſage & d'un habile inſtituteur.

Le moment eſt arrivé où le jeune BOUHIER doit aller chercher dans une autre Province ce que la bienfaiſance de notre Monarque a depuis accordé aux vœux de notre Patrie, des maîtres qui ayent caractere pour atteſter ſa capacité : qu'il parte maintenant, son pere le voit sans crainte s'éloigner des foyers domestiques; il a rempli son cœur de sentimens nobles & vertueux qui ne laissent aucun vuide aux passions dangéreuses; il l'a mis en possession de toute sa raison. Qu'il séjourne, abandonné à lui-même dans cette Capitale, assemblage étonnant de talens qui se mûrissent dans la retraite, de vertus qui s'exercent dans le secret, de ridicules qui s'affichent avec arrogance, de vices qui triomphent avec impunité; on ne le verra pas revenir chargé des nouvelles inventions du luxe, instruit des derniers rafinemens de la mollesse, pour en donner des leçons à ceux de ses compatriotes à qui la fortune avoit refusé les moyens de se corrompre; ce sont les nouvelles productions du génie qu'il rapporte, ce sont des écrits rares & précieux qu'il avoit déjà desirés dans sa collection, &

qu'il s'empresse d'y ajouter ; c'est un goût vif pour toutes les sciences, une émulation excitée par l'exemple des Savans qu'il a connus, fortifiée par les témoignages de leur estime, de leur amitié même, & qui ne cessera plus d'être entretenue par leur correspondance.

Mais suspendons quelques instans les louanges que nous devons à l'homme de Lettres, pour faire connoître le Magistrat & le Jurisconsulte : M. BOUHIER élevé à la dignité de Sénateur, porte sur les obligations qu'il contracte cet œil exercé par une longue application qui lui en découvre bientôt toute l'étendue ; il considere avec effroi quelle sera désormais l'influence de ses opinions, pour les propriétés, pour la vie, pour l'honneur des citoyens : il se demande avec inquiétude sur quelle base il pourra appuyer ces jugemens terribles qui soumettent

ſoumettent l'évidence même à l'autorité : le ſentiment intérieur de la droiture de ſes vues, ni la juſteſſe de ſon eſprit déjà éprouvée, ne peuvent le raſſurer : il ſent que l'équité naturelle n'eſt qu'une bouſſole incertaine & trompeuſe ſur l'océan des ſubtilités de la chicane : quand il ſe permettroit cette confiance préſomptueuſe, qui ſe vante de la ſaiſir toujours ſans erreur, d'en rectifier les mouvemens, d'en concilier les motifs, d'en deviner les effets, il ſe compareroit encore (pour me ſervir de ſes expreſſions) à celui qui négligeant la regle & le niveau de l'Architecte, voudroit avec ſes ſeuls yeux élever un édifice régulier ; il demeure donc convaincu qu'on ne peut être aſſuré de ſon jugement qu'après l'avoir rapproché de toutes les Loix, confronté avec celui des meilleurs interprêtes, & il embraſſe enfin l'étude de la Juriſprudence avec une résolution capable de vaincre tous les dégoûts, de décider tous les sacrifices (1).

Jusques-là, ce n'est encore que le vœu naturel de tout Magistrat qui a réfléchi sur ses devoirs; suivons-le dans l'exécution, & nous reconnoîtrons l'ouvrage du génie; car il ne

---

(1) « J'ai souvent comparé un homme » qui voudroit exercer les fonctions de » Judicature, avec le seul secours du sens » commun, à un Architecte qui voudroit » élever un mur avec le secours de ses » yeux seuls : quelque excellente que fût » sa vue, il se flatteroit vainement de mettre ce mur parfaitement à plomb, s'il » n'y employoit les instrumens qui sont » d'usage en pareil cas. On n'hésiteroit pas » à reconnoître la même chose de la profession d'un Juge, si les effets des mauvais jugemens se faisoient sentir aussi » aisément que ceux d'une mauvaise maçonnerie ». *Observations sur la Coutume de Bourgogne, par M. le Président Bouhier, Dijon 1742, page 3, de la Préface.*

faut pas confondre l'illustre Président BOUHIER avec ces hommes ordinaires, incapables de voir ensemble toutes les faces des objets, qui décousent les textes dont leur esprit ne peut porter à la fois tout le fardeau, qui se traînent pas à pas sur chaque mot qu'ils commentent, qui recueillent jour par jour des décisions isolées, qui peuvent mériter le titre de laborieux compilateurs, mais qui n'auront jamais l'autorité du Jurisconsulte; en effet, tandis que leurs écrits circulent dans les mains de quelques plaideurs pour qui l'erreur a plus de prix que la vérité quand elle les favorise, le nom de BOUHIER se répand par-tout où l'on estime les Ulpien, les Papinien, il va faire connoître nos usages aux Peuples mêmes dont ils ne réglent pas les intérêts, & tout ce qu'il a rédigé dans sa jeunesse pour sa propre instruction devient une leçon précieuse pour ſes compatriotes, un ouvrage célébre dans toutes les Provinces de France, dans tous les Etats voiſins de cette Monarchie (1).

---

(1) Ce fut pour ſon inſtruction particuliere, que M. le Préſident BOUHIER travailla à mettre, en un meilleur ordre, les queſtions latines de Jean Guillaume ſur le droit coutumier de Bourgogne, qui avoient été rédigées par cet Avocat ſans ſuite & en forme de Journal; le profit qu'il en tira lui fit naître la penſée d'en faire part au Public, comme il nous l'apprend lui-même dans la Préface de la Coutume qu'il fit imprimer en 1717, & où il réunit ces queſtions, les obſervations de Philippes de Villers, les remarques de Jean Deſpringles, & les déciſions de M. le Préſident Begat. C'étoit encore dans le même deſſein d'acquérir les lumierès dont il croyoit avoir beſoin pour s'acquitter dignement de ſes fonctions, & ſans autre vue, qu'il avoit entrepris de raſſembler toutes les anciennes Coutumes de cette Province, qu'il avoit compoſé quelques obſervations nouvelles; il ne ſongeoit pas à les rendre pu-

Tel sera toujours le sort des productions de ces esprits supérieurs, qui ne s'arrêtent qu'où finit l'intelligence humaine, qui osant douter de ce que les autres supposent, s'élèvent jusqu'aux premiers principes pour redescendre jusqu'aux dernieres conséquences, qui mettent dans leurs idées l'ordre mathématique qui convainc, & dans leurs expressions toutes les beautés intellectuelles du style que le genre admet: à ces traits on reconnoît M. le Président BOUHIER; à peine a-t-il arrêté ses regards sur l'édifice de notre Jurisprudence, que distinguant déja toutes les piéces mal assorties qui le composent, il en saisit les beautés & les défauts, & crayonne d'une

bliques; mais pressé par quelques personnes qui en connoissoient le mérite, il consentit d'en donner un essai, pour pressentir le goût; & l'accueil qu'il reçut, devint pour lui un engagement de continuer ce travail.

main sûre tout ce que l'art peut y changer sans l'affoiblir, y corriger sans le détruire, y ajouter enfin sans le concours du pouvoir législatif.

Le Droit écrit, ce chef-d'œuvre des plus beaux génies de l'ancienne Rome, devenu la Loi de l'univers, par le seul empire de sa sagesse, commençoit à perdre son autorité; une foule d'opinions cérébrines s'élevoit déja sur ses débris avec d'autant plus de rapidité qu'elle flattoit la paresse, & enhardissoit la présomption : M. BOUHIER s'oppose avec force à ce désordre, dont il prévoit les suites, il s'attache à en faire connoître l'excellence, à en mettre l'harmonie en opposition avec les contradictions perpétuelles du Droit coutumier ; il nous rappelle le vœu de nos peres qui s'y sont expressément soumis : Pour couper la communication de cette gangrene des Loix mortes, qui gagne insensiblement les Loix vivantes, il fouille jusqu'aux sources des dérogations qui se sont successivement introduites ; il resserre les unes, il dirige les autres, il ferme celles-là pour toujours, & dans plusieurs dissertations sçavantes, il place les bornes au-dedans desquelles l'usage a prescrit contre la raison écrite, au-delà desquelles tout rentre sous l'empire du Droit romain (1).

Delà, M. BOUHIER passe à l'examen de nos Coutumes particulieres :

(1) Voyez les belles Dissertations de M. BOUHIER sur le Droit Romain, le Droit commun de la France, le recours aux Coutumes voisines, l'esprit coutumier général, sur les dérogations au Droit-Ecrit, introduites par le Droit Canon, par les Ordonnances de nos Rois, par les erreurs des interprêtes, par l'usage & les clauses de style, &c. qui forment les premiers Chapitres de ses observations sur la Coutume de Bourgogne.

cette Loi que nous nous sommes donnée à nous-mêmes, cette Loi plus appropriée à nos mœurs, plus chere à notre affection, se sera du moins maintenue dans toute sa vigueur, conservée dans toute sa pureté ! Non, la tradition en est obscurcie par la négligence ou la témérité des Editeurs ; chaque interprête à ses variantes, les originaux sont perdus. Le Barreau de cette Province peut se vanter cependant d'avoir produit les Bégat, les Villers, les Depringles, les Guillaumes, & ils ont travaillé à affermir nos maximes : mais tandis que leurs ouvrages demeurent ensevelis dans l'oubli, des Praticiens ignorans se couvrent de leurs noms célébres, pour accréditer une fausse doctrine, ou s'ils empruntent réellement quelques-unes de leurs pensées, ils y mêlent tant d'inepties, tant d'absurdités, que le Ministere Public est forcé de les comprendre dans une commune proſcription (1); les Arrêts eux-mêmes, les Arrêts mal entendus dans leurs principes, altérés par des motifs imaginaires, forcés dans leur application, & ſouvent infidellement copiés, ne ſervent qu'à augmenter l'incertitude & favoriſer l'arbitraire.

Qui eſt-ce qui voudra entreprendre de retirer notre Juriſprudence de ce cahos effrayant, où la cupidité oſe tout à la faveur des ténébres, où les plus grands intérêts ſont emportés par une chance aveugle, où

(1) Les Remarques de Jean Depringlés avoient été imprimées à Lyon, en 1652; mais cette édition étoit tellement défigurée par les fautes d'impreſſion & par les additions qu'un Avocat de Châlon y avoit inſérées ſans les diſtinguer, que le Parlement en avoit défendu la vente par deux Arrêts, ſur les réquiſitions de MM. les Gens du Roi.

les propriétés se confondent & s'anéantissent ? Rendons grace à BOUHIER ; tous ces maux ont cessé, & nous n'avons plus à en retracer l'image, que pour porter à une juste mesure le tribut de reconnoissance & d'admiration que nous devons à sa mémoire : son activité a tiré de la poussiere qui les dévoroit, les Prototypes de notre Droit municipal ; le texte est assuré par la conférence de tous les manuscrits authentiques ; tous les ouvrages entrepris pour l'éclaircir sont rendus à leurs véritables Auteurs ; tous ces Auteurs sont connus, sont appréciés (1) ; les monumens de nos anciennes Coutumes sont arrachés à la main du temps, pour servir à interpréter les nouvelles, pour dé-

(1) Voyez l'Histoire des Commentateurs de la Coutume du duché de Bourgogne, par M. BOUHIER, imprimée au-devant de ses Observations.

couvrir leur origine, déterminer leurs progrès, circonſcrire leurs changemens; l'autorité des choſes jugées reſſerrée dans ſes juſtes bornes ne peut plus qu'ajouter à la certititude, ſans réſiſter à la vérité; & dans une ſuite de traités méthodiques & profonds où la force du raiſonnement ſemble n'amener l'érudition que pour orner triomphe de la Juſtice, le Citoyen trouve la réſolution des doutes qui l'agitent, l'Avocat des armes pour terraſſer l'erreur, & le Magiſtrat des motifs pour appuyer ſes Jugemens.

L'Eloge d'un Juriſconſulte ne doit pas être ſans doute l'analyſe de ſes écrits; mais il m'eſt permis du moins de faire connoître ſa maniere par un ſeul exemple, & comment il écartoit d'un trait de lumiere les nuages où les autres s'égaroient après un pénible tâtonnement.

Cette diverſité des Coutumes qui

afflige le Philosophe, qui choque le politique (1), occupe aussi le Jurisconsulte : ce n'est plus pour en déplorer les effets, c'est pour leur

(1) Voyez au premier Tome de ce Recueil, le *Discours sur l'état actuel de la Jurisprudence*, & la *Lettre qui développe le plan qui y est annoncé pour la rendre uniforme.* M. BOUHIER étoit trop instruit & trop bon citoyen pour ne pas desirer de voir cesser cette diversité de Loix; & s'il paroît quelquefois attaché au droit particulier de sa Province, c'est qu'il ne pensoit pas que le Jurisconsulte dût s'arroger les fonctions du Législateur : cette pensée qui se retrouve en plusieurs endroits de ces Ouvrages, est exprimée bien énergiquement au chap. 36 de ses Observations sur la Coutume de Bourgogne, où après avoir remarqué avec Boullenois *l'inconvénient qui résulte de cette multiplicité de Loix, l'utilité qu'il y auroit de les simplifier*, il ajoûte : *j'adhere avec grand plaisir au vœu de cet habile Ecrivain; mais en desirant une décision que nous n'avons pas droit de faire, pourquoi refuse-t-il son suffrage à une autre qui dépend de l'interprétation des Jurisconsultes ?*

préparer des remedes jusqu'à ce que le Législateur en ait tari la source ; il ne lui suffit donc pas de reconnoître & d'entendre les Loix de son pays, les Loix de ses voisins, il doit sçavoir distinguer encore dans ces mêmes Loix, celles qui s'attachent aux personnes, les suivent & leur commandent par-tout ; celles qui leur impriment ce caractere de sujétion à leur naissance, celles qui le prescrivent par leur habitation, celles qui l'empruntent de leurs conventions, celles qui disposent de leurs propriétés jusque dans un sol étranger, celles enfin qui affectent les possessions de l'étranger dans leur territoire. Quelle foule de questions épineuses enfante tous les jours ce combat de Coutume à Coutume ! c'est-là vraiement le champ ouvert aux subtilités ; c'est-là que la raison s'égare en voulant faire naître l'ordre du désordre même : que BOUHIER me paroît ſublime, lorſqu'entrant dans cette lice célébre par tant d'efforts vains & ridicules, digne émule des Dumoulin & des d'Argentré, dont il va terminer les diſputes, il jette loin de lui les armes impuiſſantes du Droit civil, frappe l'hydre avec le glaive du Droit des gens, diſcute les prétentions reſpectives, fixe les limites incertaines, aſſure la réciprocité des conditions, & dicte enfin des regles qui lient toutes les Coutumes diverſes de ce Royaume, comme un traité de nation à nation ! (1)

C'eſt le fruit de tant de veilles

(1) Cette matiere importante occupe ſeule ſeize Chapitres dans le Tome Ier de ſes Obſervations ſur la Coutume de Bourgogne, depuis le vingt-uniéme juſqu'au trente-ſixieme; c'eſt ſur-tout au vingt-troiſieme chapitre, n°. 61 & ſuivans, qu'il réſout les plus grandes difficultés par des principes lumineux.

que le modeſte BOUHIER ne conſent de donner au Public, qu'après avoir eſſayé ſon goût, qu'il ne lui préſente que comme de ſimples obſervations, tandis que des productions éphéméres ſont chargées de titres pompeux.

Mais que puis-je dire pour ſa gloire qui égale l'hommage que lui rendent tous les jours en ce Barreau la confiance du Plaideur qui l'invoque, l'anxiétude de celui à qui on l'oppoſe, les efforts qu'il fait pour éluder ſon autorité, les précautions oratoires qu'il emploie s'il eſt forcé de la combattre, & ce ſcrupule religieux qui s'empare des Juges mêmes, lorſqu'on leur propoſe de s'écarter de ſon opinion ? La matiere n'eſt-elle pas traitée dans ſes Livres ? On interroge ſes manuſcrits, on s'empreſſe de recueillir tout ce que ſa main a tracé, on cherche ſa penſée juſque dans ces feuilles où il n'a voulu dépoſer que les problêmes que lui indiquoit la ſuite de ſon travail. (1)

Que l'on juge maintenant quelle dût être, dans les événemens, comme dans les affaires, l'influence

(1) J'ai vu pluſieurs fois citer au Barreau des paſſages de ces manuſcrits, qui n'étoient que de ſimples notes retenues ſur des feuilles volantes & rangées par ordre alphabétique pour rappeller à l'Auteur les ouvrages où la queſtion étoit traitée, & que l'on préſentoit cependant comme l'opinion de ce Magiſtrat. C'eſt ce qui arriva particulierement dans une Cauſe, où il s'agiſſoit de décider ſi en Bourgogne le partage du pere entre ſes enfans, doit être de tous biens, pour être révocable. M. BOUHIER avoit écrit de ſa main la réſolution affirmative, & indiqué à la ſuite les pages des différens commentaires où l'on avoit copié cette erreur : je fis voir aiſément qu'une pareille déciſion étoit trop éloignée de ſa maniere de traiter les objets, pour emprunter l'autorité de ſon nom dans une queſtion de cette importance.

de ce Magiſtrat, auſſi grand par le cœur que par l'eſprit, & qui eût été bien plus ſenſible au reproche de n'avoir pas fait tout le bien qu'il pouvoit, qu'à la fauſſe gloire d'avoir fait montre de plus de talens qu'il n'en vouloit conſacrer à la ſociété. La ſcience du Droit ne fut pas ſeulement pour lui l'objet d'une paiſible méditation dans la retraite; il en ſervit utilement le Monarque occupé à réformer ſes Loix, & l'illuſtre Chancelier d'Agueſſeau, par des témoignages conſignés dans les Regiſtres de cette Cour, le mit au rang des plus grands Magiſtrats de tout le Royaume (1); il en ſervit l'auguſte

(1) « Un des Magiſtrats les plus éclairés, » non-ſeulement du Parlement de Dijon, » mais de tout le Royaume, qui n'a rien » oublié pour ſoutenir avec tout l'eſprit & » toute la capacité poſſible, l'opinion con- » traire, &c. » Ce ſont les termes de la Lettre de M. d'Agueſſeau, du 29 Juillet

Compagnie à laquelle il étoit attaché, & défendit avec ſuccès ſes prérogatives (1); il en ſervit les Peuples de ce reſſort, & les rapports qu'il fit de leurs différends, les avis raiſonnés qu'il donna pour les terminer, ſont devenus des morceaux précieux qui ne déparent point ſes Diſſertations les plus travaillées ; il en ſervit tous les Juriſconſultes de ſon ſiécle qui eurent recours à ſes lumieres, qui

1736, adreſſée à M. le Premier Préſident, pour être conſervée dans les regiſtres du Parlement.

(1) M. BOUHIER fut député en 1724, pour ſuivre le Procès porté au Conſeil d'Etat, entre le Parlement & la Chambre des Comptes de Bourgogne ſur pluſieurs droits reſpectifs qui diviſoient ces deux Compagnies, & intéreſſoient leurs Juriſdictions : il fut heureuſement terminé par le Réglement du 7 Août 1727. Voyez à ce ſujet le *Recueil d'Edits, Déclarations*, &c. que M. BOUHIER fit imprimer à Paris en 1724, avec un Mémoire & des Obſervations.

ſe hâterent de publier tout ce qu'il leur avoit communiqué ; il ne ceſſa enfin d'en ſervir ſes amis par des conſeils & ſes concitoyens par d'heureuſes médiations.

Qui eſt-ce qui n'admirera pas avec moi comment la vie laborieuſe d'un ſeul homme peut s'étendre à tant de ſoins, ſe partager entre tant d'objets, compter autant de ſuccès ! Il n'eſt pas temps encore de nous livrer à ce ſentiment, nous n'avons vu qu'une partie de ſes travaux.

SECONDE PARTIE.

Si M. Bouhier n'eût donné qu'une partie de ſon âge à l'étude de la littérature, s'il n'avoit ceint ſon front du laurier des Muſes, qu'avant de s'engager ſous les drapeaux de Thémis, ou après avoir obtenu la couronne civique, & rendu au

Souverain le poſte important qu'il lui avoit confié dans la milice de ſa Juſtice, je réſerverois cette partie de ſon éloge pour ces aſſemblées où quelques Citoyens réunis dans l'aſyle que leur a ouvert un Sénateur zélé pour la gloire de ſa Patrie, cultivent en paix les Lettres ſous les yeux des Grands-Hommes de la Bourgogne, dont leur enthouſiaſme anime les marbres, & j'y verrois le buſte de BOUHIER orné des doubles attributs du Magiſtrat & du Philoſophe (1) : mais pour-

(1) M. Pouſſier, Doyen du Parlement, eſt fondateur de l'Academie établie à Dijon en 1740 : voyez ſon Hiſtoire au tome premier de ſes Mémoires. M. Legouz de Gerland, ancien Grand Bailli de la Nobleſſe, a fait placer dans la ſalle de ſes aſſemblées les buſtes des grands hommes de la Bourgogne : celui de M. le Préſident BOUHIER a été donné par M. de Bourbonne ſon petit-fils, digne poſſeſſeur de ſa Bibliothéque qu'il enrichit tous les jours, & dont ſa ſi-

quoi hésiterois-je de parler ici de ses travaux littéraires, puisqu'il les fit toujours marcher de pair avec ses plus sérieuses occupations, puisqu'ils ont sans cesse contribué aux succès du Jurisconsulte, en lui ouvrant au besoin les archives de l'Histoire, en lui enseignant l'art si difficile de la critique, en offrant toujours à son choix la richesse ou l'élégance, l'énergie ou la clarté de l'expression? Si je pouvois penser qu'il se trouvât quelqu'un parmi ceux qui m'écoutent qui fût tenté de répéter ce blasphême de l'envie: que celui qui entre dans la carriere du Barreau doit rompre tout commerce avec les Lettres, je lui demanderois s'il entrevoit seulement le point d'élévation où sont parvenus, en les

---

çon de penser a fait en quelque sorte un trésor commun à tous ceux qui s'appliquent aux sciences.

cultivant, les Peiresc, les Chasseneux, les de Thou, les Fevret, les Dunod, les Bignon, les d'Aguesseau? Ou plutôt je lui dirois avec assurance: Ce n'est point votre opinion, c'est votre apologie: cette conscience dont vous venez de trahir le secret, n'a pas même besoin de ces exemples illustres pour sentir qu'il est dans l'ordre que celui qui aime les Arts, apporte plus d'application à ses devoirs, parce qu'il se croit comptable au Public dans ses fonctions, de tous les talens qu'il a montrés dans ses amusemens; tandis que l'autre, entraîné dans la pente naturelle du repos ou de la dissipation, est toujours prêt à se justifier par une impuissance qu'il n'a démentie par aucun effort, content de mettre une sorte d'équilibre entre la mesure de ses obligations & l'idée qu'il a donnée de ses forces.

M. BOUHIER, toujours semblable

à lui-même dans tous les genres, augmenta ſans-ceſſe ſa réputation, & ne ſe trouva jamais au-deſſous : la ſcience des Antiquités, les Langues, les Belles-Lettres, la Critique, la Poëſie même, & un commerce habituel d'érudition avec tous les Sçavans de l'Europe; voilà quelles furent ſes occupations dans ſes momens de loiſir, dans cette partie de l'année où Thémis ferme ſon Temple ; voilà quels furent ſes droits dans la République des Lettres, ſes titres aux honneurs académiques. Lorſqu'on lui demandoit à lui-même avec étonnement comment les jours pouvoient ſuffire à toutes ſes entrepriſes, il répondoit avec Séneque : C'eſt le ſecret de ceux qui ſçavent employer toutes les heures (1). L'homme oiſif les trouve longues quand elles coulent, il les trouve

(1) Voyez Mélanges Hiſtor. & Philolog. de M. Michault, tom. 2, pag. 305.

courtes quand elles ſont paſſées : au contraire la vie de BOUHIER lui parut rapide dans tous les inſtans, & nous jugeons ſa durée immenſe, quand nous comptons les travaux qui l'ont remplie.

Ce ne fut pas un des moindres avantages du régne glorieux ſous lequel il étoit né, que le reſpect que l'on conſervoit encore pour les ſciences profondes, quoiqu'il ne leur fût déja plus permis de ſe produire, ſans avoir emprunté la parure de l'urbanité ; & qui ne ſçait combien ſes Ecrits ont contribué à décider, à fixer cette époque qu'une triſte fatalité ſemble nous envier, comme s'il n'étoit pas donné aux hommes de demeurer long-temps dans le vrai, comme ſi le paſſage de l'enthouſiaſme au dégoût, de l'excès à l'oubli, ne devoit durer pour eux qu'un inſtant, condamnés de périodes en périodes à compter une ſuite

de

de ſiécles à l'attendre, & une autre à le regretter.

L'érudition ne fut autrefois qu'un étalage faſtueux, où l'on rencontroit à peine quelques faits diſperſés, & flottans dans un déluge de citations: aujourd'hui tout eſt abrégé, tout eſt extrait: celui-ci raſſemble des dates, celui-là range des noms, un autre s'approprie les anecdotes; rien n'eſt enſemble, rien n'eſt approfondi, rien n'eſt connu: l'Hiſtoire elle-même, qui devroit être l'étude de la jeuneſſe pour former ſes mœurs, l'étude du moyen âge pour aſſurer ſa prudence dans les événemens, l'étude de la vieilleſſe pour la conſoler, l'Hiſtoire eſt entiérement négligée; on ne prend plus la peine de l'aller chercher dans les ſources, on la reçoit comme une eau qui cent fois tranſvaſée, contracte enfin la rouille des métaux ſur leſquels elle a paſſé; & pour comble d'inconſéquence, un mépris ingrat devient le ſalaire de ceux qui l'ont fait ruiſſeler juſqu'à nous.

M. BOUHIER ſut éviter l'un & l'autre de ces écarts, & ſe placer dans un juſte milieu (1). La Grece, cette ancienne patrie des Lettres, fixe ſes premiers regards; il ne penſe pas que ce ſoit un travail inutile d'étudier le langage d'un Peuple dont on veut juger le goût, connoître les mœurs, comparer les uſages; la Langue des Homère & des Demoſthene lui eſt bien-tôt familiere; bien-tôt avec ce ſecours il s'abandonne à ſa curioſité, il s'enfonce dans le Pays, comme un voyageur qui n'a plus beſoin de guide, qui ne

(1) M. le Préſident BOUHIER, dans l'avertiſſement qui précéde ſes diſſertations ſur Hérodote, ſe plaint avec amertume de ceux qui commençoient à inonder la France d'écrits frivoles, & à décrier les ſciences auxquelles ils ne pouvoient atteindre.

dépend plus d'un interprete, il s'entretient avec Hérodote des premiers temps d'Athenes, il comprend par ses récits la fausseté de plusieurs de nos communes opinions, il forme le projet de la dévoiler, & son coup d'essai apprend aux Savans étonnés, que les Pélages avoient porté en Grece les Caracteres Phéniciens, long-temps avant l'arrivée de Cadmus (1).

Cette piece échappée à son portefeuille excita une sensation qui le força de quitter le voile dont sa modestie s'étoit enveloppée, qui l'éleva au-dessus des rumeurs contemporaines, auxquelles il avoit payé le

(1) *De priscis Græcorum ac Latinorum Litteris Dissertatio.* Cette piece fut imprimée en 1708, par les soins du P. de Montfaucon, à la suite d'un ouvrage intitulé: *Palæographia Græca;* le nom de M. BOUHIER n'y est désigné que par des initiales.

tribut en cachant ſon premier eſſor : je ne rappellerai pas ici toutes celles qu'il publia depuis ; mais je dirai que marchant à grands pas dans la carriere des Scaliger, des Voſſius, des Pétau, des Saumaiſe, tantôt rétabliſſant un point de Chronologie altéré, tantôt expliquant un texte obſcur, reſtituant des Paſſages, ſéparant ce qu'il trouvoit apocryphe, terminant ainſi de fameuſes controverſes, & redreſſant ſouvent les jugemens des plus grands Littérateurs qui l'avoient précédé, des plus célébres de ſes Contemporains qui l'avoient conſulté, il ne ceſſa de travailler à éclaircir l'Hiſtoire Ancienne, à enrichir les Sciences de ſes découvertes. Je dirai que cette illuſtre Société qui s'occupe ſans relâche à interroger les ruines de l'antiquité, ne ſe borna pas à louer les ouvrages de BOUHIER ; elle fit plus, elle les adopta pour en orner un Recueil qui, jusques-là, n'avoit admis que les ouvrages de ses membres (1). Je dirai qu'aucun Livre, aucun manuscrit ne passa dans ses mains sans emporter quelque trait de son érudition ; qu'ajoutant tous les jours à sa collection, déja assez immense pour mériter l'attention du Souverain (2), il ajoutoit encore un prix à chaque volume par quelque Note instructive & curieuse, & que tous ceux qui lui ont appartenu sont

(1) On trouve au tome IX des Mémoires de l'Académie des Inscriptions & Belles-Lettres, une Dissertation de M. le Président BOUHIER ; *sur la question de savoir, si avant Balbin & Pupien, quand il y a eu ensemble plusieurs Empereurs Romains, il n'y en a eu qu'un qui ait été grand Pontife.*

(2) *De Bibliothecâ unum est quod addam : avi tui meritis dedit anno MDCCXXII, Regius favor ut augeretur illa Libris quoscumque Luparæa excuderet officina ; neque beneficii fructum mors abstulit.* Comment. de vitâ J. Buherii.

ainſi devenus des originaux ſouvent conſultés, ſouvent cités par les Savans (1). Je dirai que tant qu'il vécut, on ne découvrit aucune inſcription, aucun de ces bronzes, de ces monumens que la terre ſemble avoir voulu ſouſtraire à la rapacité du temps, que l'on ne s'empreſſât auſſitôt de lui en demander l'explication; comme ſi l'on n'eût oſé s'ar-

(1) M. de Juvigny dit dans la Préface qu'il a miſe à la tête de ſa belle Edition des Bibliotheques Françoiſes de la Croix du Maine & Duverdier : « Nous ſavions » d'ailleurs que M. le Préſident de Bour- » bonne, Petit-fils de l'illuſtre Préſident » BOUHIER, poſſédoit un exemplaire de « chacune de ces Bibliotheques, enrichies » de notes marginales de ce ſçavant Magiſ- » trat, l'admirateur & l'ami de M. de la » Monnoie : dès que M. le Préſident de » Bourbonne fut inſtruit de notre deſſein, » il nous communiqua le plus obligeamment » du monde ces deux Bibliotheques, & » nous laiſſa la liberté d'en faire uſage. »

rêter à aucune probabilité, avant qu'il en eut ſuppléé le fruſte, déterminé la date, dévoilé le ſens, indiqué l'occaſion, & reconnu la main du Peuple qui l'avoit fabriqué (1). Je dirai qu'il força le ſuffrage de ceux mêmes dont il combattit le ſentiment, & que l'on ne ſut enfin ce

(1) Voyez Lettre de M. BOUHIER à M. de la Bâtie, ſur la fameuſe médaille de Vaballathus, &c. Autre Lettre aux Auteurs de la Bibliotheque raiſonnée contre la Diſſertation de J. Maſſon, ſur deux médailles du même, tome XVIII de cette Bibliothèque : autre Lettre à M. Scipion Maffei, ſur une inſcription grecque inſérée dans ſes Antiquités Gauloiſes, &c. *Explication de quelques marbres antiques* imprimée à Aix en 1733 : Lettre à M. de Boſe, ſur une médaille ſinguliere de Cléopatre, tom. IX des Mem. de l'Acad. des Inſcriptions & Belles-Lettres ; & deux autres Lettres, l'une à M. de Valbonais, l'autre à M. de la Bâtie, ſur une inſcription de l'Empereur Albin, qui ſe trouvent dans le Recueil de Muratori.

que l'on devoit plus admirer dans ſes Ecrits, ou de la profondeur de ſon érudition, ou des agrémens de ſa méthode, ou de la décence de ſon ſtyle, ou de la juſteſſe de ſa critique.

Lorſque je parle de critique, ce n'eſt pas ce ſquelette paré de quelques Epigrammes, nourri du fiel de la ſatyre, dont le ſouffle auſſi foible qu'impur s'eſſaie à faner les roſes, & à faire reverdir l'aconit : juſte emblême d'un art frivole qu'exercent aujourd'hui tant de plumes mercenaires : c'eſt l'art de juger, de diſcerner le vrai du faux, d'en ſaiſir tous les caracteres, de calculer les preuves, d'apprécier les témoignages, de mettre d'accord la lettre & l'eſprit, d'ajouter à l'évidence des choſes, à la certitude des faits, & de faire ſortir du choc des contradictions, des ténébres des conjectures, la vérité, comme une lumiere éclatante qui frappe à la fois tous les yeux.

Mais pour en mieux connoître l'importance, ne nous arrêtons pas à une froide définition; empruntons une comparaiſon d'un autre art, s'il eſt vrai qu'il en faille reconnoître pluſieurs dans les différens ouvrages qui ont le goût pour juge, & l'imitation pour objet : repréſentons-nous une vaſte gallerie de tableaux, & ſuivons en écoutant le connoiſſeur qui la parcourt : au premier coup-d'œil il diſtingue les écoles, il ſépare les originaux des copies, il dénonce la main mal-adroite qui a cru les réparer, il ſaiſit le faire de chaque Artiſte, découvre l'allégorie de ſes ſujets, développe l'eſprit de ſes compoſitions, détaille toutes les fineſſes de ſa touche; là il conſidére avec ſatisfaction la correction du deſſein; ici le ton du coloris le frappe; ailleurs il admire l'énergie de l'expreſſion; partout il releve les défauts, en comptant les beautés qui les rachetent ; & il fait enfin paſſer dans notre ame l'enthouſiaſme qui échauffe le génie, les réflexions qui perfectionnent le goût, les lumieres qui ajoutent à la jouiſſance.

Voilà les ſervices eſſentiels que le Critique rend à la belle Littérature, & perſonne n'eut plus de droit à cette comparaiſon que M. BOUHIER : Ses remarques ſur pluſieurs Oraiſons, ſur quelques uns des livres philoſophiques de Ciceron, ſont exactement les jugemens de ce connoiſſeur : le célébre Académicien qui a paſſé ſa vie à en corriger la traduction, ſe félicitoit d'avoir obtenu la permiſſion de les publier (1); Verburg penſa

(1) *Remarques* ſur les trois livres *de la Nature des Dieux*, ſur les cinq *Tuſculanes*, ſur le *Songe de Scipion*, & ſur les quatre *Catilinaires* : elles ont d'abord paru à la ſuite des Traductions de M. l'Abbé d'Olivet ; on les retrouve en latin dans la belle Edition que cet Académicien a donnée de

qu'elles ne devoient plus être séparées du texte, il les mit en latin, pour qu'il ne manquât rien à la magnifique édition qu'il en préparoit; & tous les amateurs de la belle poésie regrettent encore que M. BOUHIER n'ait pu achever le travail qu'il avoit commencé sur les chef-d'œuvres du Prince des Lyriques (1).

Il étoit difficile que M. Bouhier, conversant sans cesse avec les Muses

---

Cicéron. Isaac Verburg dit dans sa préface de l'édition d'Amsterdam : *Cum intelligerem illos de naturâ deorum libros Gallicè esse editos, & illustrissimi in Senatû divionensi Præsidis J. BOUHERII .... animadversionibus illustratos, ... plerasque illustrissimi viri notas è Gallicis latinas feci, easque suis locis contextui subjeci.* Enfin, elles ont été réimprimées à Paris en 1746, sur un manuscrit revu & augmenté par M. BOUHIER.

(1) Voyez le Catalogue des Ouvrages de M. BOUHIER, imprimé à la suite du Mémoire du P. Oudin, sur sa vie, & dans la bibliotheque des Auteurs de Bourgogne.

du ſiecle d'Auguſte, liſant & reliſant ce qu'elles avoient inſpiré de plus ſublime, dicté de plus harmonieux, ſouvent ému par les charmes de leurs accords, & brûlant enfin du beau feu qu'elles lui avoient communiqué, ne dît pas quelquefois, à l'exemple du Correge: Et moi auſſi je ſuis Peintre... Il le dit & le prouva. La proſe moins libre dans ſes efforts, moins hardie dans ſes images, moins cadencée dans ſes périodes, lui avoit toujours paru peu propre à rendre les beautés des anciens Poëtes; il eſſaya de leur conſerver tout leur prix en les tranſportant dans notre langue; & s'il n'atteignit pas la hauteur de ſes modeles, on ne connut toute la difficulté de l'entrepriſe, que par la ſupériorité même de ſon talent (1).

(1) M. Bouhier a traduit en vers françois l'Epitre de Léandre à Héro, la premiere des Triſtes d'Ovide, le Poëme

Ce nouveau titre réuni à tant d'autres, mérita enfin à M. Bouhier le dernier grade des honneurs que les Muſes diſpenſent : l'Académie Françoiſe l'admit au nombre des Quarante (1). C'eut été, diſons-le hardiment, une ſorte d'ingratitude de la part des Lettres, que de ne pas élever à ce point de gloire un homme qui les avoit toujours cultivées avec tant d'ardeur, ſervies avec tant de zele, aimées avec tant de paſſion. Jaloux d'en entretenir, d'en ranimer peut-être le goût dans ſa patrie, il n'avoit pas attendu d'être affranchi de tous les liens

---

de Pétrone, ſur la guerre civile entre Céſar & Pompée, & les Veilles de la Fête de Vénus.

(1) M. BOUHIER fut reçu à l'Académie Françoiſe le 16 Juin 1726, à la place de M. de Malézieux. Voyez ſon Diſcours de réception, imprimé la même année, avec a réponſe que lui fit M. le Préſident Hénaut.

honorables de la Magiſtrature, pour ouvrir ſa maiſon à tous ceux qui s'intéreſſoient à leurs progrès ; elle fut pour eux pendant les trente dernieres années de ſa vie, un véritable Lycée, où ils venoient propoſer leurs idées, communiquer leurs découvertes, ſoumettre leurs eſſais ; où ils étoient sûrs de trouver toujours des conſeils affectionnés à leur gloire, un dépôt toujours ouvert par une main généreuſe, en un mot, tous les avantages que les forces acquiérent par leur réunion.

Les infirmités les plus continuelles ne pouvoient arracher M. BOUHIER au plaiſir d'aſſiſter à ces conférences & de les diriger ; c'étoit une diſtraction à ſes maux ; c'étoit à ſon gré la plus flatteuſe & la plus douce des fonctions qu'il eut jamais remplies (1) : il ne ſurvécut que

(1) Voyez *Commentar. de vitâ & ſcriptis*, &c. par le P. Oudin, *la Bibliotheque des*

dix jours à la derniere séance qu'il y présida. Autant il fut précieux à cette Société, par l'étendue de ses connoissances, autant il lui étoit devenu cher par les qualités de son cœur. Pour juger de l'aménité de son caractere, il suffit de jetter les yeux sur les marbres auxquels la sculpture a confié l'image de ses traits ; pour peu que l'Artiste y ait

---

Auteurs de Bourgogne, & les *Mélanges Historiques & Philolog.* de M. Michaut. M. BOUHIER n'avoit que 42 ans lorsqu'il commença à réunir chez lui, une fois chaque semaine, un certain nombre de gens de Lettres ; indépendemment de ceux qui composoient cette société, il accueilloit tous les Savans, il excitoit l'émulation des jeunes gens, il secondoit leurs efforts dans tous les genres : bien éloigné de ce goût exclusif qui n'admet qu'une science, qui dédaigne toutes les autres pour les placer après celle qu'il cultive, il s'intéressoit aux progrès de tous ceux qui annonçoient de vrais talens ; & ce seroit lui dérober une

mis de vérité, on la voit ſourire d'une gaieté douce & modeſte, dont l'habitude de ſon ame avoit gravé l'expreſſion ſur ſa phyſionomie; cette gaieté n'eſt pas ſeulement le ſigne de la vertu, elle eſt elle-même une vertu, puiſqu'elle fait le bonheur de celui qui la poſſéde, & de tous ceux qui l'environnent. M. BOUHIER ne la perdit qu'avec le ſouffle de la vie ; elle lui avoit ſouvent inſpiré ces accens que les Muſes ſemblent avoir réſervés à notre Na-

---

partie de ſa gloire que de laiſſer ignorer qu'il jugea de bonne heure la ſupériorité du génie de M. le Comte de Buffon ; tandis qu'une infinité de gens s'étonnoient que ſon pere eut la complaiſance de ſouffrir qu'à l'âge de 17 ans, il s'amuſât encore à faire des cercles (C'étoit ainſi qu'ils parloient des Etudes mathématiques du Pline François). M. BOUHIER travailloit à le mettre en correſpondance avec les premiers Géométres de l'Europe.

tion (1) ; elle jouoit dans ſes derniers momens de ſon épitaphe ; on ne ceſſa de la reconoître ſur ſon front, au travers des froncemens même de la douleur ; elle dérida le Miniſtre des autels qui venoit lui annoncer ſa fin ; & toujours grand ſous ce voile aimable, il mourut en épiant la mort (2).

O mes Concitoyens ! ſi la foi-

---

(1) M. le Préſident BOUHIER avoit un goût décidé pour le Vaudeville : à l'âge de 50 ans, il voulut encore le célébrer par une Ode que M. Michaut a rapportée dans le premier volume de ſes Mêlanges Hiſtor. & Philolog. pag. 245, où il s'exprime ainſi :

> Même après cinquante moiſſons,
> Le ſang bouillonne dans mes veines,
> A la cadence de tes ſons ....

(2) M. BOUHIER mourut d'une goutte remontée, le 17 Mars 1745, âgé de 73 ans ; il avoit beaucoup ſouffert de cette maladie, & la gaieté naturelle de ſon eſprit, qui cherchoit un aliment juſques dans ſes ſouffrances, l'avoit porté à compoſer une Hiſtoire des Savans qui y ont été ſujets. Peu

blesse de ma voix n'a pas trahi la gloire du modéle que j'ai voulu vous proposer, je vous vois transportés du desir de marcher sur ses traces; avancez hardiment dans cette car-

---

de jours avant sa mort, il récita en riant à quelques amis cette Epitaphe latine, qu'il avoit composée la nuit précédente :

Qui tristem coluit Themidem, mitesque Camœnas,
Conditur hoc Janus marmore BOHERIUS.

A peine revenu d'une foiblesse qui avoit annoncé tout le danger de son état, il vit entrer le P. Oudin Jésuite, avec qui il avoit toujours été lié d'amitié, & qui venoit s'acquitter de la triste commission que son caractere lui imposoit : il lui rappella en badinant ces vers d'Horace, qui faisoient une juste allusion à la négligence habituelle de ses vêtemens :

Rusticius tonso toga defluit, & malè laxus,
In pede calceus hæret. Liv. 1, Sat. 3.

Le même P. Oudin, s'étant approché de lui pendant sa derniere heure, lui trouva l'air de quelqu'un qui médite profondément; il lui demanda ce qui l'occupoit ; M. BOUHIER lui fit signe de ne le point troubler ; le P. Oudin insista, & M. BOUHIER

riere, franchissez avec courage quelques épines qui en bordent l'entrée, vous verrez ensuite les fleurs naître sous vos pas : ne vous obstinez pas

---

fit un effort pour prononcer : *J'EPIE LA MORT*. Belles paroles, qui montrent toute la fermeté de celui qui osa l'envisager d'aussi près, avec un œil philosophique : exemple rare, qui mérite d'être conservé ! Ce trait dont la vérité est attestée par la tradition encore récente de ses contemporains, est rapporté par le P. Oudin d'une maniere qui lui ôte toute son énergie ; & s'il n'a pas eu l'intention de l'affoiblir, on a ici une preuve bien frappante que c'est dénaturer des idées françoises, que de vouloir les parer de l'élégance cicéronienne : que l'on en juge par la version latine du P. Oudin : *interim ad supremi apparitionem itineris, conversus unicè commentabatur ipse tacitus secum ...... vehementior ex humoris accessû compressio videnti ac sentienti vitalem sensum interclusit.* (Commentar. de vitâ J. BUHERII.) Qu'il y a loin de cette tournure vague, au récit simple que Séneque fait de la mort de CANIUS, injustement condamné à mort par Caligula, à regretter ces temps fabuleux, où l'on ſuppoſe follement que l'eſtime alloit au-devant du mérite : oſez entreprendre de la forcer comme tous ceux qui l'ont obtenue, & quand il feroit poſſible que l'injuſtice de votre ſiécle vous en refuſât le prix, vous n'y perdriez rien encore ; il n'en eſt point dont la poſſeſſion ſoit plus ſûre, dont la jouiſſance ſoit plus douce & plus continue, que celui que trouve en lui-même un homme qui peut ſe dire : j'ai employé toutes mes forces à imiter les vertus, à acquérir les talens qui ont été l'objet de l'admiration de tous les ſiécles.

& qui fit à peu près la même réponſe à un ami qui l'interrogeoit : *Quid*, CANI, *nunc cogitas ? Obſervare*, *inquit* CANIUS, *propoſui illo velociſſimo momento an ſenſurus ſit animus exire ſe .... aliquid ex ipſâ morte diſcit, nemo diutius philoſophatus.* Sénec, de Tranquill. animi.

Fin du Tome ſecond.

APPROBATION.

J'AI lu par ordre de Monseigneur le Garde-des-Sceaux, un Manuscrit intitulé: *Discours & Eloges par M.* GUITON DE MORVEAUX, & je n'y ai rien trouvé qui m'ait paru devoir en empêcher l'impression. A Paris, le 4 Mars 1775.

Signé COQUELEY DE CHAUSSEPIERRE.

PRIVILEGE DU ROI.

LOUIS, par la grace de Dieu, Roi de France & de Navarre: A nos amés & féaux Conseillers les Gens tenans nos Cours de Parlement, Maîtres des Requêtes ordinaires de notre Hôtel, Conseils Supérieurs, Prevôt de Paris, Baillifs, Sénéchaux, leurs Lieutenans Civils, & autres nos Justiciers qu'il appartiendra; SALUT. Notre amé le Sieur GUITON DE MORVEAUX nous a fait exposer qu'il desireroit faire imprimer & donner au Public un Livre qui a pour titre: *Discours & Eloges par M. Guiton de Morveaux*, s'il Nous plaisoit lui accorder nos Lettres de Permission pour ce nécessaires. A CES CAUSES, voulant favorablement traiter l'Exposant, Nous lui avons permis & permettons, par ces Présentes, de faire imprimer ledit Ouvrage autant de fois que bon lui semblera, & de le faire vendre & débiter par-tout notre

Royaume, pendant le tèms de trois années consécutives, à compter du jour de la date des Présentes. Faisons défenses à tous Imprimeurs, Libraires & autres personnes, de quelque qualité & condition qu'elles soient, d'en introduire d'impression étrangere dans aucun lieu de notre obéissance; à la charge que ces Présentes seront enregistrées tout au long sur le Registre de la Communauté des Imprimeurs & Libraires de Paris, dans trois mois de la date d'icelles; que l'impression dudit Ouvrage sera faite dans notre Royaume & non ailleurs, en bon papier & beaux caractères; que l'Impétrant se conformera en tout aux Réglemens de la Librairie, & notamment à celui du 10 Avril 1725, à peine de déchéance de la présente Permission; qu'avant de l'exposer en vente, le Manuscrit qui aura servi de copie à l'impression dudit Ouvrage, sera remis dans le même état où l'Approbation y aura été donnée, ès mains de notre très-cher & féal Chevalier Garde des Sceaux de France, le Sieur Hue de Miromenil, qu'il en sera ensuite remis deux Exemplaires dans notre Bibliothéque publique, un dans celle de notre Château du Louvre, un dans celle de notre très-cher & féal Chevalier Chancelier de France le sieur de Maupeou, & un dans celle dudit Sieur Hue de Miromenil, le tout à peine de nullité des Présentes; du contenu desquelles vous mandons & enjoignons de faire jouir ledit Exposant & ses ayans cause, pleinement & paisiblement, sans souffrir qu'il leur soit fait aucun trouble ou empêchement. Voulons qu'à la copie des Présentes, qui sera imprimée tout au long au commencement ou à la fin dudit Ouvrage, foi soit ajoutée comme à l'original. Commandons au premier notre Huissier ou Sergent sur ce requis, de faire pour l'exécution d'icelles tous actes requis & nécessaires, sans demander autre permission, & nonobstant clameur de haro, Charte Normande & Lettres à ce contraire : CAR tel est notre plaisir. DONNÉ à Paris le cinquieme jour du mois d'Avril, l'an de grace mil sept cent soixante-quinze, & de notre regne le premier. Par le Roi en son Conseil.

Signé LEBEGUE.

Registré sur le Registre XIX de la Chambre Royale & Syndicale des Libraires & Imprimeurs de Paris, n°. 2750, fol. 398, conformément au Réglement de 1723, qui fait défenses, article IV, à toutes personnes de quelque qualité & condition qu'elles soient, autres que les Libraires & Imprimeurs, de vendre, débiter, faire afficher aucuns livres pour les vendre en leurs noms, soit qu'ils s'en disent les Auteurs ou autrement, & à la charge de fournir à la susdite Chambre huit exemplaires prescrits par l'article 108 du même Réglement. A Paris ce 7 Avril 1775.

HUMBLOT, Adjoint.

BIBLIOTHEQUE NATIONALE DE FRANCE
3 7502 00999321 5

www.ingramcontent.com/pod-product-compliance
Ingram Content Group UK Ltd.
Pitfield, Milton Keynes, MK11 3LW, UK
UKHW020319220726
13923UKWH00003B/1239

9 782019 624828